안녕은 혼자일 때 녹는다

최연수 시집

상상인 시선 017

상상인 시선 017
안녕은 혼자일 때 녹는다

초판 1쇄 발행 ㅣ 2021년 2월 25일
초판 2쇄 발행 ㅣ 2021년 3월 15일

지 은 이 ㅣ 최연수
펴 낸 곳 ㅣ 도서출판 상상인
북마스터 ㅣ 김유석 최지하 이선애 마경덕
뉴크리에이터 ㅣ 이만섭 진혜진
등록번호 ㅣ 제572-96-00959호
등록일자 ㅣ 2019년 6월 25일
주   소 ㅣ 06621 서울시 서초구 서초대로74길 29, 904호
전화번호 ㅣ 010-7371-1871
전자우편 ㅣ ssaangin@hanmail.net

ISBN 979-11-91085-09-9 (03810)

값 10,000원

* 이 책은 전부 또는 일부 내용을 재사용하려면 반드시 저작권자와 도서출판 상상인의 동의를 받아야 합니다.
* 이 시집은 교보문고와 연계하여 전자책으로도 발간되었습니다.

안녕은 혼자일 때 녹는다

* 저자의 의도에 따라 작품의 보조 동사와 합성 명사는 띄어쓰기가 달라질 수 있습니다.
* 본문 페이지에서 한 연이 첫 번째 행에서 시작될 때에는 〈 표기를 합니다.

시인의 말

가끔 들여다 봐준 게 전부인데
새순 하나 고개를 내밀었다.

언제 나 몰래 마음을 키웠니?

2021년 봄

최연수

■ 차례

1부

원시	018
알로카시아	020
빗속을 달리는 화요일	022
히비스커스	024
우리들의 피리	026
오독	028
그네 타는 저녁	030
하노이	032
새 귀 줄게 헌 귀 줄래	034
빈칸이 많은 캔디통	036
신사숙녀여러분입니다	038
무렵부터 무렵까지 9시 35분	040
자정의 취향	042

2부

오, 모딜리아니 046
딸기와 풋사과의 시간 048
낯선 방식의 모자들 050
찢어진 관계 052
또래의 법칙 054
이유 너머 056
카스테라가 구워지는 동안 058
파랑 중독자 060
사생대회 062
포도로 말하네 064
청띠제비나비 066
녹련의 오자 068
맹신할 수 없는 것을 맹신하면서 070

3부

나만 아는 꼭짓점들	074
덮인 우물	076
추억세모	078
백 개의 방에서 맛보는 백 가지 맛	080
구름하청	082
쏟아지는 발목	084
새로 생긴 아가미	086
계절의 노선	088
산벚 등고선	090
그 겨울의 환청	092
민들레 비행	094
바다카페	096
그대로 봄	097
뛰어다니는 이름	098
대화	100

4부

잠의 높이를 재어보았습니까	104
문득, 나비	106
길에도 궁합	108
장마	110
지난 기분을 일렬로 세우는 건 불가능해요	112
모래월식	114
90분을 죽이는 방법	116
고양이캔디	118
드므	120
사계 미용실	122
느닷없이 주민입니다	124
나는 너를 뒤통수로 읽는다	126
캐리어	128
손톱 밑에 뜬 초승달	130
신은 배꼽을 만들었으니	132

해설 _ 이성혁(문학평론가)   135
길이 건너야 하는 사람의 불모지

1부

원시

더 멀리 한철을 분갈이했다

꽃을 내걸어도
발바닥 차가운 이름은 발아되지 않아
갈아 꽂은 서쪽

뿌리 없는 노을은
발목이 없는 꽃
내내 피고 싶어
눈으로 걸어간 어귀가 골목으로 사라졌다

신호등이 수시로 마음을 바꿨다

길의 발목은 무엇을 놓쳤을까
턱을 괸 밤
발끝은 뒤가 아니라 높이
얼마만큼 올라가는지
한 손엔 재채기, 남은 손이 난간을 잡고 살금 올라왔다

  혹시?

서랍은 더 발목을 숨기고
사랑니가 돋는다고 일기장이 적었을까

뒤축의 지문이 닳아
단조로운 걸음들
가까워도 보이지 않던 사람이 저 멀리
문득

신발을 바꿔 신었다

알로카시아

미세먼지 나쁨 통합대기 나쁨

접 붙은 날이 초록을 늘리기로 했다

가장 빛나는
속이 좋은 초록을 불러야지

초록을 새끼 치면 설렘이 묵직해
초록을 이해해야지 마음먹고 가까워져야지

초록을 다 쓰면 계절을 당겨써야지
더 덜어낼 바닥이 없으니 좋아

연두 건넌 어깨에 그늘이 들어
속 깊은 나무라 믿어도 괜찮아
너그러움이 쑥쑥 자라
초록이 자존심이야

날씨 따라 **나쁨** 삼키지 못한 말 ***아주 나쁨***
〈

얼굴 모자란 눈빛을 표정이라 우기면서
떡잎 떼듯 갈아 끼운 무표정
실내 넓은 카페와 처음 보는 입들을 사야지

아열대찻집, 구름빵 뜯는 구석에 초록을 앉혀야지

빗속을 달리는 화요일

안부가 요일을 불러온다

떨어지기 위해 꽃이 가지를 키우듯이 손대고 싶은 눈자위를 빨갛게 키우듯이

넘어진 무릎이 달려온 이유를 몰라
오래 머무를 골목이 필요해

하구로 흘러간 주소에 새 요일을 기입하고 아직 흘려보내지 못한 요일은 그대로

한 장 남은 달력은 중얼거리는 끝말
소리 커진 틈으로 화요일이 고이고

낮은 곳을 건넌 높은 사연들이
오른쪽
왼쪽

무작정 뛰다 틀어진 방향으로
요일은 직육면체

웅크릴수록 소리 혼자 굴러가고 싶지

빗금을 벗어나는 건 우산의 기분을 알고 싶은 것
슬픔은 가릴 게 없어 안심이야
빗속을 달린 그 화요일처럼

히비스커스

웃음은 붉은 살로부터 온다

둘러앉은 농담은 순서가 없고
추억도 순번이 없어
날짜를 거슬러 간 나의 국경이 손을 내민다

붉다고 말한 너에게
당연한 너에게
나는 희다고 했나

이국으로 깃든 희고 붉은 것들
한 뿌리라고 믿을 수 없다

국적 다른 생각이 기억을 열고 나와
안쪽 모서리가 깎인다

저를 휘발한 뒤에야 다시 우리가 필까
움켜쥔 한 줌을 놓으며 피를 닮아가는 빛깔

나를 내어놓고 너를 듣는 한 모금에

금기 풀린 온기가 넘어온다

우리, 라고 불러줄 곳은
뿌리 아닌 붉은 꽃잎이다

우리들의 피리

가로를 스치면 세로가 솟고 오른쪽을 보려 하면
왼쪽이 들이미네

콧등에 얹힌 시선만으로 잡을 수 없어
서로를 허물고

피리라 부르자
우리만의 호흡 우리만의 통로를

피에로 바지처럼 팽창한 불편을 댔다가 뗐다가

이탈하지 않는 손가락은 어떤 표정을 지어야 할까

돌아보지 마 제발, 마주치지 않는 소리는
여덟 개의 구멍을 서성이며 수상한 냄새를 들려주지

어디로 흘러야 하는지
매번 달라지는
오늘을 불 것도 같고 멈출 것도 같아
〈

클로즈업된 검정은 골똘함이네

같은 곳을 따라가는 검은 개미 떼처럼
한 곳으로 흘러갈 수 있을까
아이들은 무작정 마술피리에 홀렸다는데

우리들의 질료는 색깔 닮은 바람
비좁은 배후는 관계가 되질 않네
들숨과 날숨 깊은 숨과 얕은 숨이 불규칙한 계절

구멍이 그치질 않네 숨이 뜨겁네

오독

길이 달아나요
풀밭이 구불거려요

심장이 두근두근 똬리 튼 등나무 덩굴을 읽는데
백반白礬 색이었어요
그날 구급차는

맹독은 보랏빛
이빨 뾰족한 바람이 독을 퍼뜨려요
공기가 몸부림쳐요
긴 머리 쓰다듬는 손길 사이로 날짜가 뒤엉켜요
푸르스름한 옆모습이 스멀거려요

표정이 아니라 목으로 읽어야 한다는
넝쿨장미
어제를 밑줄 그은 상처가 붉은 십자를 그어요

두 손 모아야 할까 무릎 꿇어야 할까
흔들의자가 들썩거리는 독서
혹은 독사

〈
황급히 실려 간 기억 모두 빠져나가고

읽히는 건
빈 무늬 허물

풀어진 태양
오싹 미끄러져요

책이 일그러져요

그네 타는 저녁

줄을 나눠 쥔 마음이 두 가닥

남을까
갈까

왁자한 귀가는 멀고
수없이 불러 솔기 해진 이름
확신 없는 그림자가 저녁으로 건너간다

주머니마다 발걸음 가득한 그때는
한 사람에겐 이르거나 또 한 사람에겐
너무 늦은 시간

왜 그 한 사람에게만 나는 꼭 맞아야 했을까

발끝 세운 바람이 밀어주는 그네는
가장 편안한 공중의자

기댈 곳 없는 발아래를 찔러
나보다 더 깊숙한 웅덩이가 올려다본다

〈

밀어낸 거리는 그만큼 되돌려 보내고

다시 어제로 뒷걸음질

햇살 찍어 뭉클을 키운다

허리춤에서 꺼낸 울음과 웃음

아침에 같이 깨어나고 저녁에 같이 기울 수 있을까

비닐우산에 접힌 빈 놀이터

하노이

발등이 커져 더는 닿을 수 없는
저쪽이 절룩인다
쑥쑥 자란 길을 달려가면
중앙선 없는 감정이 허리춤을 움켜잡은 채 끼어든다

오토바이 경적에 선들이 태어나
우물쭈물 속도를 묶을 때
야자수에 묶이는 이름들
당신을 벗어놓아도
낯선 행로로 따라온 낮달이 말을 걸어온다

주근깨 많은 햇살이 논 닮은 원뿔형 하나씩 얹어
저만큼의 그늘을 짓고

문득 시드는 뒤편을 따라갔어
그림자의 고백은 키가 자라지 않는다

스스로 피다가 환해질 거야, 내리쬐는 햇살을 건너가도
넘어와도 벽
〈

모서리 꺾인 생각을 어루만지면
마모된 지문을 따라 다시 자라나는 길들

나는 나에 대한 경고를 읽는다

* 베트남 전통모자.

새 귀 줄게 헌 귀 줄래

지구의 작은 점, 교감이라 불리는 그곳은 우리 집이야
말을 가두어도 서로를 알아듣는
따스한 지붕

당기고 커닝하는
즐거운 비밀이잖아

건반은 폐기된 기분을 연주하고 너는 그 소리를 냄새 맡네
옆으로 나란히 냄새로 듣는 거야

눈빛을 주고받으며
네 왼쪽 귀는 내 오른손이 잡고

줄이 출렁거리는 건 소리가 떨리기 때문
네가 가장 믿는 곳으로 소리가 망연히 내려다보고 있네
싱싱한 귀를 쥔 채

사람과 사람 사이로 청력 잃은 바람이 길을 들어
나는 그 마음 가장자리를 걸으며

왈왈, 코를 박고 즐거워해야지

눈동자를 뒤적이면
십사 년이 고여 있을 것 같아
이름을 부르면
눈물이 눈을 허물며 일제히 쏟아질 것 같네

빈칸이 많은 캔디통

여기,
오래 녹여 먹는 달랑 한 개의 이름
길이거나
꽃

여백이 많은 캔디통
동그란 소리가 난다면 둥근 뚜껑이 있을 것이다

그때 까맣게 자란 눈동자들은
눈꺼풀 여닫은 캔디
열 번쯤 울고 난 뒤에야 우리가 다 녹았지

차르륵 박하향이 달려가다
느닷없이
두 개의 바퀴가 한복판으로 넘어지고

서로를 일으키지 못한 우리가 헛돌았다
오래도록

네 개의 각을 지운 둥근 캔디통, 그곳엔

너 하나만 들어 있다

여름 반대편으로 달려간 길은
같은 이름을 되 녹이고

여럿으로 바래진 빛깔

안녕은 혼자일 때 녹는다

신사숙녀여러분입니다

그러므로 예의라 불러도 무방합니다
차가운 머리입니다만
공손히 벗어 심장에 대는 것도 그 까닭입니다

파인 홈으로부터 멀어지는 유목민
운두 좁은 내일에 정착합니다

걸음이 없는 모자야
논리가 거기 앉아 있습니다
쓸쓸하고 무겁게

너이고 나인 다른 생각들
일기를 쓰듯이 썼다가
잠을 벗듯이 벗어버리는 혼돈입니다

먼저 내린 몸을 찾아
헐레벌떡 뛰어오는 우아한 모자

벌써 놔버리면 어떡해
다른 손에 잡힌 기억입니다

〈
　무례를 쓴 실내가 있고 훌쩍 날아간 민망한 날씨가 있습니다

　죽어라 잊힐 것 같아
　벗어버린 어제가 두렵습니까

　선뜻 벗어두지 못한 것을 추억이라 부를 수 없어
　무릅쓴 오늘이 더 두렵지 않습니까

무렵부터 무렵까지 9시 35분

물러서지 못한 그림자의 무게
얼마나 될까

양팔잡아당기기 줄이 저 혼자 흔들리다 멈추고 기죽일 일 있나 이단철봉 근육질이 뒤통수만 보여줘도
어 왔네,
매번 속도가 달라지는 마모된 한 바퀴 또 한 바퀴

날이 추워 그런지 사람들이 없네, 공원은 조금씩 기능을 잃어 보청기와 유모차가 늘어나고 나는 나를 두고 나올 때가 많아, 헐렁한 뒷모습이 홀로 중얼거려도 이상할 것 없는 9시 35분

하릴없이 따라오는 시선으로 들어가면 햇살과 다정히 앉은 남녀가 있고 녹아드는 봄날이 있을 것 같아

닿기만 해도 무너질 것 같던 5분 전이 비로소 행복해
관리인은 9시 35분을 교체할 마음이 없는 것 같아

정수리에 해가 내려앉아도 으슬으슬 해거름이 따라와도

무렵부터 무렵까지 9시 35분

몸의 솜털이 젖은 타월 아래서 부스스 키스를 떠올리는 9시 35분
부둥켜안은 9시 35분이 행복할 거야
아직 잠자리에 들 수 없는 그림자가 마냥,

자정의 취향

맨발과 맨발이 필요해
의심을 키우고 눈동자를 세우지 않아도 되지
자유롭게 눈빛이 오가는
유리창의 방식
경계마저 지우고
한 뼘 귀만 세워놓기로 해
아무리 닦아도 발목이 검은
이쪽은 이석이 덜거덕거리는 유리창의 바깥
휙 건너뛰는 저 스프링, 어제를 분해하면 나올까
내다보는 관절이 우두둑
하루의 혓바닥이 밍밍해
스스로에게 소외된 날
등으로 몰린 허기를 맛보면
잠 못 든 호기심도 잦아들 것 같아
나를 방기하기 좋은 밤은
한 모금 심호흡을 부르지
야옹, 검은 발목
스물네 계단이 필요 없는 생각이야

2부

오, 모딜리아니

햇살이 한 뼘 더 길어진 날씨 같아

주름진 눈가가 길어집니다

침묵은 내놓을 말이 생각나지 않을 뿐, 돌아보는 기분이 홀쭉합니다

쇄골에 스카프를 동여맬 수 없는 눈동자들은 이미 사라지고 없습니다

우울을 벗을 수 없는 챙 넓은 모자는 슬픈 가면입니다

민낯이 따라옵니다

계절의 발목이 길어집니다

징후는 이질감이 오기 전 내보내야 해, 공기에 끼워 맞추는 눈빛은 퍼즐입니다

어제와 그제를 나눈 구름이 비대칭입니다

〈
뼈와 뼈를 맞댄 이명이 밤을 새웁니다

골목이 뻔뻔할수록 창은 조용했지, 징후가 수상합니다

어둠은 길 저쪽부터 먹어 치웁니다

사라진 눈동자들이 튀어나옵니다

뛰어내린 창이 다른 몸을 갈아 끼웁니다

딸기와 풋사과의 시간

참외와 바나나가 으르렁

시시콜콜 묻는 게 사랑이니

한 겹 벗어도 거기서 거기
뱉을 것이 많은 참외와 뭉개지는 바나나 속이야

거리를 잴 수 없는 지금은
딸기와 풋사과의 시간
가풍이 다르다는 말을 확신하니

붉든지 시퍼렇든지 부끄럽지 않은 거리면 되는데
멋쩍게 홀쩍거리다 웃어버리면 그만인데
물들다 반으로 쪼개지는 성깔들

보고 싶다 죽을 만큼 보고 싶다던
샛노란 거짓말
노란 싹수가 자라면 파랄까

먼 반쪽도 견딜 수 있어

두 배 세 배인
풋사과, 북적거리는 딸기가
더 슬프잖아

질펀한 붉음에서 더 멀리, 오늘보다 어제로 더 멀리
수평선 저쪽만큼 더 파랗게

기적과 기적의 간격이 멀어야 기적 같아

낯선 방식의 모자들

당황한 비명에
앗, 바닥이 엎질러졌다

기울기를 고정해도
흔들리다가
가라앉다가

낮과 밤이 바꿔 쓴 표정이 그만큼만 달라
빙글빙글 도는 구명환

허우적거린 지난밤을 당겨
훌라후프
룰루랄라 토성이 명랑해

비둘기 날려 보낸 중절모는 믿을 수 없어
엎드린 계단이 가벼운 주머니를 뒤집고

아무도 모르게 아프면서 단단해지는
너를 벗었다가
머리로 얹었다가

〈
의자와 트랙을 훔친 손은
손잡이가 필요해
전등갓이 흔들리면 반이 접힌 달이 날아갈 것 같아

쫓고
도망치고
무르팍이 깨진 채

절벽 끝 호흡을 고쳐 써도 모자는
아주 낯선 잠의 방식일 뿐

찢어진 관계

편애하던 구름이 찢어졌다

우둘우둘 가려움이 잠을 찢고
당신의 걱정이 내일을 찢었다

어제는 그제의 사람을 찢고
한 해에 한 번 빈집이 되는 연못이 제 집을 비웠다
검은 우산 같은 연잎이 물과 함께 얼었다

오른쪽과 통하는 시간
물밑 겨울을 찢으면 다시 무더위가 시작될 것 같아

가로쓰기 서툰 철탑이 불온한 뼈를 맞춰
울음이 찢어지면
오롯한 햇살이 될까

쏟아지는 바늘은
찢어진 날씨를 꿰맬 수 없다

나보다 오래 잠 못 든 환청을 깁는

당신의 뾰족한 관계들

편견은 다른 취향으로 기워진다

또래의 법칙

흐린 담장을 선호하니?

찌개 끓는 소리 돌려 끈 손이 문을 열어젖힌다

웃음이 클클 뛰어내린다

제 발치에 침을 뱉던 계단 홀로 쭈그려 앉아 있다

표정엔 수많은 천진 수많은 거짓
몸숲이 울창하면서
그곳 짐승이 되려는지 얼굴에도 뿔이 돋는 사춘기

딸깍 잠그고
쾅 뛰쳐나가고

욕은 거리감이 없기 때문
뒤엉킨 잠과 퀴퀴한 공기로 채워진 가방이 공중에 떠다닌다
움켜쥔 멱살로 분노가 흐른다
〈

〈
다가오던 훈계가 돌아서지만
발톱 세운 규칙은 서늘함에서 나온 것들
모서리 잘 맞는 견고한 벽은 고리타분한 사전이다

빨간 밑줄 그은 페이지, 성난 여드름 속에 아이가 갇혀 있다

또래의 어휘는
오래된 규칙 너머에 있다

이유 너머

몸은
기록이 내장된 블랙박스

울퉁불퉁 길을 따라가면 경사진 습관이 있다

한쪽으로 닳은 뒤축처럼
한쪽으로 튄 비명
스키드마크 또렷한 밤이 지나면
일몰과 몸의 기울기는 같은 쪽

예리한 메스에 닿은 빛깔이 검붉다

번호 잊은 열쇠와 내뱉지 못한 혀 밑의 말
움켜쥔 왼손의 분노가 사건을 재구성한다

서늘한 꽃대 흔들린 그 날
달리아 반쪽을 비운 것도 기울어진 바람
잠입과 도주에 능한 정답은
기울어진 그곳에 있다
〈

얼룩진 곳의 뜻밖의 파편
부릅뜬 반대쪽으로 암시가 풀린다

카스테라가 구워지는 동안

사랑한다 사랑하지 않는다 망설이는 네게 골똘해지는
나의 사랑법은
경계를 넘어가도 네모
되돌아와도 네모

달려드는 뿔을 품기에 알맞은 각이다

대합실 형식에 앉아
민무늬는 단단해, 한 방향 최면을 갈아타고
 잠을 재단하는 공기가 달콤해도 냄새 없는 악몽이 발
목을 잡아도
 아물지 않는 상처를 찾아가는 여기에서
 거기까지

허물거나 허물리거나
가장 부푼 기분으로 가장 부드러운 표정으로

자정을 이해 못 해 휘저은 아침
발치는 몽롱한 구름을 꺼내놓고
어제도 있고 내일도 있는 사람처럼 웃고 있는 곳에서

웃고 있는 곳까지

막연한 듯 무심한 듯 갈아 신은 체온은
어디에도 묶이질 않아

한쪽 까매진 생각이 난간을 반복해 걷는다

파랑 중독자

차가운 불빛으로 채워진 서랍은
모두 파랑
봄과 먼 이름이 오싹 팔목을 물었다

표정 없는 가면은 꽃피운 구멍부터 땜질하고
 눈앞이 파래질수록 캄캄해진 뿌리에 오목한 입들이 매달렸다
 구근처럼

밥상에 올려놓은 물 한 대접에도 파랑이 일렁거렸다

무심코 방문을 열었을 때
답을 기다리지 않은 질문 같은
미처 소등 못 한 붉은 얼굴은
길을 잘못 든 파랑

그 파랑은
밤의 기울기에 맞는
불꽃과 불꽃을 용접하고 있어야 했다
〈

두 손바닥이 가린 표정을 기웃거려도 막막한 파랑
막무가내인 파랑

이별의 고향도 파랑일 것 같아
가면의 바깥, 멀리 돌아가는
파랑주의보

어린 파랑은 파란을 입에 올리지 않는다

사생대회

가로수가 소실점을 당겨온다

걸음만큼 오전만큼 그때를 가까이

뭉툭해진 봉우리 끝을 잡아당기면
무표정이 한 방향에서 풀려나온다

덧칠한 기분이 한쪽으로 쏠리고
여백을 메우지 못한 초조와 여유 사이,
내가 만든 그림자 속에서 생기는 눈 코 입

여전히 알 수 없는 표정을 구겨 신은 바람이 돗자리 밖으로 뛰쳐나간다

뛰는 맥박을 제출하고
동그라미 친 약속이 모여 앉으면
흘러내리는 허공이 찡그린 미간을 심사한다

매번 다른 제목을 붙여 제출해도 호명되지 않아
반납된 적 없던 봄

부풀린 추측은 확신이었나

집으로 가는 길
닫힌 창은 시원스레 열어젖히지 못한 오후
붉은빛이 틈을 채색한다

장미는 아픈 쪽으로 가시가 솟구친다

포도로 말하네

햇살이 탐스러워 포도가 잘 익을 날씨야

하얀 이가 좋아 나란히 웃는 101호 102호
층층이 사이좋게 익네

엘리베이터를 심지로 심어두고
스물여덟 집이 멋쩍게 익어가네

그 포도밭 주인은 스물여덟 살
내년쯤 내후년에도 보이지 않는 송이를 익힐 테지
먼발치서 익어갈 옆 동같이

나무라 했네 사람들은
거꾸로 자라는 나무
웃음이 달라
모양도 크기도 달라진 청포도가 물구나무선 기분으로
익어갈 거네

아니 물구나무선 포도일 거야
내 마음 따라 달라지는 포도의 자세

〈
그의 봄과 겨울을 맛보며
새콤한 내가 웃네

504호 702호 806호는 고만고만한 꿈에 매달린 한 송이
한 칸 한 칸 익어갈 취향을 존중해

치킨 전단은 익어가는 느낌을 알까
세발자전거가 어린 맛을 싣고 달려갈까

단숨에 익은 어제보다
서서히
포도의 감정으로 포도鋪道를 산책해야지

알알이, 그 보폭으로

* 정민우 화가, 〈청포도〉.

청띠제비나비

날아갈 거야 멀리
아주 멀리
여린 후박을 키우는
뭍은 깊이조차 잴 수가 없는데
바람을 신고 날아가고 싶어도
누군가 돌아올 시간이 누군가는 떠나갈 시간
날개는 얼마나 가벼운지
근질근질 비밀이 고개를 내밀 것 같은
속눈썹이 파르르
허공이 침묵을 벗고 날아가는 순간
바람은 행방을 묻지 않았어
기억을 베끼는
푸석한 뿌리가 흔들려 다시 주저앉는 거라고
그만큼만 나앉은 나는 뿌리를 경배했나
돌아올 노선을 몸에 새기며
뉘엿뉘엿 펼쳐놓은 노을
거짓말처럼 돌아올 그를 믿은 걸까
제비 듯 나비 듯

뒷모습만 벗어두고 가버렸어

시린 봄을 떠밀고
나비는

날게
멀리 날아가게

목련의 오차

인구조사는 호흡이 사팔났다

손이 가리킨 골목, 오래거나 갓 핀 송이를 통계 낸 목련의 필체가 흐릿해
가지는 여러 번 숫자를 담에 눌러 적었다

몰래 챙겨 내려간 짐가방은 비밀, 숨은 꽃을 암산으로 헤아리고
발 헛디딘 눈먼 주소지 옆엔 빈 괄호만 남겨두었다

무료함을 켜놓고 일 나간 익숙한 이름을 들고
다시 칸칸을 두드릴 때면
지붕을 밟고 다니는 기분이었다

산 번지, 찢어진 연과 붕붕거리는 꽃의 시종들과 동거하는
한 채가 적막해
눈부신 외출을 마친 인기척 없는 사월 옆에
온기 잃은 한 켤레 걸음을 기록했다
〈

마른 젖을 물린 어미개와 마주친 순간 녹슨 고리처럼 표정이 얽혔다 풀어졌다
　서류철엔 몇 마리 울음이 추가되었다

　계약직 같은 봄날의 낮과 밤이 다른
　오차와 통계
　수수료를 떼듯 하얀 방에 들어앉은 목련 촉이
　팍,
　끊어지고

　학점과 맞바꾼 길에서 유리 밟는 소리가 났다

맹신할 수 없는 것을 맹신하면서

 자신의 뒤통수를 볼 수 없는 것처럼 미래를 볼 수 없어, 그 미래의 뒤통수까지 볼 줄 아는 사람 이야기를 할게, 한 뭉치 줄에서 스토리는 풀린다네, 줄 하나로 먹고사는 남자, 울타리콩 줄을 잘라 팔고 말뚝을 받았대, 허리띠를 끊어 팔고 한숨을 받았네, 목줄 하나 잘라 팔고 매듭 하나, 그래프를 끊어 팔고 빨강 눈금을, 낚싯줄과 나이테와 금지구역 줄까지

 줄 닮은 샛길이 그를 따라 뛰어가고 숲이 서둘러 은폐했네, 미래는 언제 순식간 와서 뒤통수를 치는지, 이가 없으면 잇몸으로 견디라는 걸 믿어야 하나, 어느 날 만물트럭을 몰고 남자는 다시 마을을 찾았겠지, 그렇게 전개될 게 분명해, 한 개의 매듭을 짓지 못한 우유부단이 달려오고 결심만 졸라맬 수 없어 한숨을 찾아서 후우,

 낚싯줄 건네고 받은 나이테는 벌목공에게 주고, 벌목공은 무얼 내주었을지 상상해봐야지, 접근금지 사건이 무얼 남겼는지 여전히 미궁이네, 해야 할 것 외에는 하지 말아야 할 것 천지인데 외출한 내일은 어디쯤에서 뒤통수를 맞고 있을까, 단맛에 몰려든 개미 떼가 하나밖에 모르듯 맹신할 수 없는 것을 맹신하면서 충분히 당황하면서 나는,

3부

나만 아는 꼭짓점들

컹컹 짖는 언덕 아래와 건너다보이는 불빛과 나는
조용한 삼각
늦은 밤을 견디는 꼭짓점들이다

소문은 잠들어
남은 불빛을 당겨
내가 다 써버렸다는 건 아무도 모른다

안경을 쓰는 것보다
깜깜한 나를 환히 볼 수 있다
미래를 보기 위해
접질린 길은 한걸음 물러서야 보이고
더 아파본 뒤에야 빠져나갈 구멍이 생긴다

새벽달이 끼어들어도
 생각하는 반대편과 생각이 있다는 듯 짖어대는 언덕만
이 나와 가능한 삼각
 불면은 배경이다

 홀수에 익숙하지 않은 짝수들

〈
안에서 사랑하고 밖에서 의심했다

자신도 모르게 덩치 커진 아우성은
소란스러운 고독 속에서만 물리칠 수 있다
어둠이 한 점 갉아먹은 뒤에야 들어서는
외로운 삼각

모서리를 비추는 거울은 여전히 네모
각자 툭 튀어나온 꼭짓점도 짝수라 믿는다

덮인 우물

계단이 뛰어 올라간 뒤
퉁퉁 불은 잠이 떠올랐다

소문이 펑,
찢어진 풍선 같아

물길과 물길이 만나
쉿!

수장된 열일곱 살이 수습되었다

비밀은 없다
그날엔 징후가 있었고 징후 속엔 옥상이 있었으니까

철 잊은 목련 나무가 늦은 꽃을 흘리고
텔레비전이 허름한 빌라를 흘렸다

마른 우물은 젖어야 할 이유가 없다

물길 끊긴 우물보다 소문을 덮은 우물이 더 많아

〈
일 층에서 사 층까지,
외출에서 돌아와 빨래를 하고 층간 소음을 지운다

물때보다 끈질긴 뚜껑은 자신만만하지만
언젠가
불쑥
열린다는 걸 잊는다

추억세모

지번을 대라니,

우거진 세모길?

네모를 버려야만 보이는데 이등변인지 정삼각인지 보이지 않아 몰라요 새벽이 세 개로 찢어지더라는 목격뿐

어둠이 뜯어지면 구부정한 아침이 분리수거해간다는 진술

수레 끄는 지번을 뒤집으면 햇살에서 세모가 쑥 빠질 거랍니다

잠자리 하나 마련 못 한 기억 한 채
이부자리를 폈다가 개키기를 반복했을지 몰라요

무게 지운 남은 모서리 하나 근거를 남기고

깨금발 그늘이 따뜻한 미각을 기억하는 그곳에 가볼 자신 있나요

〈
걸음에 들러붙는 세모

추억 한 장 밟는 건 우리가 분열되는 일

풋달 한 짝씩 갈아 신고 돌아가는 길에 삼각 공식 하나 묻었을까요

달빛이 닫힌다면 추억은 문단속이 끝났다는 증거죠
거미줄이 단단히 채운 빗장

백 개의 방에서 맛보는 백 가지 맛

봄이 베어 먹은 살구는 그믐으로 익는데
저 달, 말끔한 사기(砂器)입니다

배는 곯지 말아야지
졸음 참는 달에 푸짐한 맛을 옮겨 심습니다
삼거리 원조 찐빵, 반으로 쪼갠 햇고구마에
백 개의 노란 보름이 들어 있습니다
솥뚜껑에 부쳐 내놓은 배추전에
배고픔이 납작합니다

후일담은 겨울 건넌 따스함 같아서
 달빛보다 몰입이 더 밝아질 때쯤 주렁주렁 별들을 채우는 물병자리
 빛들이 비워지면
 아껴둔 샛별 하나 오래오래 녹여 먹어야겠습니다

백 명이 바라보면 백 개의 달이 되지
희고 둥근 백 개의 방에서 맛보는
백 가지 맛
〈

후루룩,
손잡이 없어 소리가 더욱 매끄러운
볼 깊은 달들을 꺼내
포옥 우려낸 멸치국물에 국수 한 사리씩 말아내도 좋겠습니다

구름하청

그때와 지금, 우리는
실통에서 실타래로 풀린다

오래된 밑단을 뜯어야 하는 내일을 재는 동안
시접 늘릴 일 없던 먼 시절이 안경을 고쳐 쓴다

흐린 날을 꿰매면 먹구름이 된다
후드득 쏟아진 바늘에 감정들을 한 땀 한 땀 공그르면
유행 지난 추억의 앞뒤가
홈질되어 모아진다

홑겹의 원피스는
주머니 없는 저녁을 배접하고
생각을 다시 걸쳐 입는
더운 공기들

일몰을 피우던 손가락을 따라
의자에 앉은 시간이 동백으로 건너간다
봄과 봄을 이어붙이고
팔짱 꼈던 민소매를 수없이 돌려 박은 뒤에도

여전히 뜨거워

건너뛴 어디쯤에서 만날까

추운 수백 벌 보내놓고
남아 있는 시원섭섭한 두 손 같은 우리

쏟아지는 발목

바닥으로 몰려든 것들이 소리를 키운다

포르테,
포르티시모,

금이 간 공기를 갈아 신는 얼굴이 없어
고쳐 앉은 눈초리가 올라간다

촘촘한 보폭이 쏟아져 내린다

무성한 기억은 복사뼈가 드러나 있었지
오래 서성거려도
스며들지 못한 내가 발꿈치를 들고 있는 그곳

멀거나 가까워
서로를 불러들이는 맨발

층과 층 사이만큼 잠은 멀고

불안을 먹고 자란 예민한 귀를 키운다

〈
주름진 표정을 입는
너와 나 사이
위와 아래 사이

사이, 라는 말속엔 흔들리는 관계만 남는다

새로 생긴 아가미

한때 바다였을 거라는 추측은 비릿한 지명 때문
곳마다 폐어肺魚들이 숨어 있을 것 같다

부레가 있을 만한 곳
자전거포는 종일 헛바람을 넣고
다섯 살을 몰고 나간 바다는 여태 돌아오지 않는다

질리지 않는 식성이 걸음을 잡아채는
골목 입구

삼키다 놓친 구름이 줄행랑이다

제 꼬리가 어느 미로를 헤매고 있는지
알지 못하는 골목
불안이 범람하는 철이면 폐어들이 기어 나올 것 같다

쏠린 무게가 반대편으로 뒤집히면
아우성이 튀어나올 것이다

눅눅한 기분을 내다 말릴 때쯤

생선 있어요 싱싱한 과일야채 있어요
확성기를 놓치고 골똘한 웅덩이

빠끔거리느냐 쏟아놓느냐, 아가미와 입의 차이 있습니까
담장이 컹컹

포개 놓은 접시꽃이 갈라진다

계절의 노선

흔들리는 공중이 그림자를 흘린다

그늘 살피는 점멸등, 풋살구가 입덧을 부추긴다

올려다보는 눈이 시큼해진다

몰래 삼킨 풋달은 점점 불어가고
방향 튼 삼십 촉이 보름으로 익는다

당도의 트랩을 다 오른 늦봄
여름으로 건너뛰면
어느새 지워지는 편도

칭칭 붕대 감은 인연의 어디쯤
손바닥으로 틀어막은 울음이 새어 나온다

채 눈뜨지 못한 달을 베이비박스에 담고
골목이 절뚝거릴 때
드디어 몸을 푸는 살구나무
허벅지 아래를 더듬는 숨죽인 바람엔

불안이 들러붙는다

문 닫은 기억을 톡 두드리면
배냇니가 하얀 웃음을 열고 나와
다른 국적을 찾아가는 이류과 제 핏줄을 수소문하는
환승 게이트

목적지가 바뀐다

산벚 등고선

하얗게 바깥이 저민다

햇살이 소금에 절인 듯 그늘이 파닥거리고
푸른 꽁지를 흔드는
산벚

등고선 밖으로 쿨럭 늦봄을 토해놓는다

공기를 따라 휘는 파문은
차가운 지도를 헤엄쳐 나온 나이테
한철 살아본 것들이 가지는 물결무늬다

나부끼는 허공을 따라가면
식욕 왕성한 오후가 바람을 층층 발라낸다

너와 나의 한때도
미처 지우지 못한 아린 냄새로 한순간 수로를 거슬러 오른다

가장 절정으로 기우는 추억

가장 낮게 허물어지는 잠

앙상한 뼈들을 숨기기 위해 살집을 늘린 나무가
지느러미를 부풀린다

잘 헤엄칠 수 있도록
유리창이 제 안을 말갛게 닦는다

그 겨울의 환청

프라이팬이 번쩍,

우당탕 공기가 흩어졌다

천장에 발도장을 찍는 건 토끼앞다리의 특별한 기술
짧은 뒷다리 닿은 벽에 씀바귀무늬가 흘렀다

꽁지에 묻은 토끼 똥이 함께 떨어졌다

접힌 두 귀에서 바닥이 새어 나왔다

안을 엿보던 빈 토끼장이 벌벌 떨었다

흩어진 식탁이 뛰쳐나갔다

익숙한 길목마다 덫이 놓이고

빨갛게 달구어진 프라이팬이 눈치 언저리를 서성거렸다
검은 털 박힌 손때가 자주 내 귀를 잡았다
〈

내 뒷다리엔 살이 붙었다 앞니가 점점 길어졌다

달달 볶이면 까만 토끼가 될 거야, 질긴 오징어를 물어 뜯었다

아가 아가 뭐하니, 환청이 문을 두드렸다

귀를 잡지 마세요

겨울이 헛기침을 키웠다

민들레 비행

햇살이 활주로를 정비하는 봄
먼 여행을 앞둔 민들레, 한 올 한 올 사연을 말리고 있다

그곳엔 바삭하게 말려야만 풀리는 전례가 있고
바람 갈피에 슬쩍 끼워 넣는 오래된 비행이 있다
추락과 결항 불시착에 성능 좋은 바람을 선별해야만 한다

차도나 바다로 뛰어드는 깜깜한 비행
노선 잃은 꽃씨가 오들오들 떨기도 한다

스스로 날아갈 수 없는 활주에 기분이 시들어도
날개는 부풀고
유실을 고려한 민들레는 더 많은 씨를 껴안는다

말장화 같은 이탈리아와 코뿔소 같은 캄보디아, 엎드린 강아지 같은 페루야
착지점을 찾는 지구본
새털구름을 압축해 목에 고인 꽃씨 하나

하강기류를 감지하면
애기똥풀 노란 점멸등이 안내해줄 것이다

공단으로 착지한 반쪽의 언어들은
뿌리가 얕아
가벼운 부주의도 허투루 넘기지 못한다

몸살 앓는 송금이 있어야 피는 국경 너머
철야에 아직 귀항하지 못한 꽃씨도 있다

연착 없는 알람이 깨우는 이른 아침
다른 피부색이 골목으로 들어오고 있다

바다카페

삐걱거리는 불안이 나선형 계단을 올라가요 해안선 닮은 낯선 기억 한 쌍이 천천히 흘러와요 누군가 또 문밖으로 달려가나 봐요 낯익은 이별이 몰래 빠져나가다 햇살에 묶여 있네요 다소곳한 슬픔이 무릎에 올라앉아요 핸드백처럼 슬쩍 열어보고 재빨리 닫아요 자주 만져 입구가 해졌어요 내 입안이 붉어졌어요 다시는 스무 살 근처를 서성이지 않기로 했었죠 어디서부터 시선은 어긋났을까

익숙한 하류로 흘러가도 녹슨 시간의 수문 열지 않기로 해요 묵은 통증을 쏟아버린 그때 불면의 맨발이 미친 듯 달려갔죠 한때 풍경에 홀려 같은 곳을 바라보았으나 금 간 시간은 어느새 사라졌네요 추억 한 토막을 찻값에 끼워 파는 불빛이 흔들려요 어둑해진 하루분의 소요가 출처를 찾아요

그대로 봄

한 번쯤 뒤집혀볼까
갯내가 웃음을 뒤집었지

삼겹살을 뒤집듯 약속을 뒤집고
밤이 낮을 뒤집었지

뒤집지 못한 폐경에
여자가 화끈 뒤집혀
봄을 찍은 길
벚꽃뚜껑이 하얗게 뒤집히고

휘파람에
성미 급한 민들레가 노란 단추를 뒤집었지

붉은 핀을 바닥에 내던진
뒤집힌 동백

흘러내린 밤을 뒤집은 가방들
아내와 엄마를 얌전히 뒤집어
띵동,

저 바닥 며칠은 그대로겠다

뛰어다니는 이름

풀밭이 쿵쿵

한쪽 발을 든 영역이 하얗게 지려진다

냄새의 반경을 따라간
나도바람 너도바람

같은 울타리 속 한 겹 체면을 껴입는 바람꽃

눈감아 주는 이름이 환해
개, 좋아
네 개의 발이 야성을 찾아 신고

비루한 육체에 수없이 무릎을 꿇는
불가촉

땀나도록 뛰어야만 밥을 찾는 계급인데
처음 눈 맞춘
항렬마저 벗어던진 개명인데
〈

개의 심장으로 뛰어가면 타인의 냄새가 나
그늘과 바깥을 탐색하는 눈빛

귀 접힌 풀밭
개망초 개별꽃이 혀를 뺀 채 헉헉거린다

줄 풀린 동시에 묶이는 불안한 이름들
사방으로 달린다

대화*

당신은 푸른 별의 절벽
길이 끝난 곳이 인기척 쪽으로 방향을 틀듯
내게로 돌아와야 하는 가파른 미래다

짙어가는 밖 이쪽은
간절함을 두 주머니에 찔러 넣은 오후
완곡함은 수직을 이해할 수 없다

올려다보는 이별과 착석하지 않은 사랑은 하나였다

관계는 묶어 감정을 휘발하는 발효
나는 파랑을 오해하고
당신인 파랑은 냉정해

나란 검정을 이해하지 못한다

팔걸이에 걸친 휴식과 냉철한 노동은
서로를 이어가지 못해
다정과 냉정이 한 끗이다
〈

한곳에 거주하는 두 개의 선
함께한 기억의 위치가 가물거려
내면은 안과 밖을 경계 짓는 유리만큼이나 얇다

* 앙리 마티스.

4부

잠의 높이를 재어보았습니까

서쪽에 뿌리를 내리고 동쪽 가지를 뻗은 정오

꽃물이 흘렀다

출근이 가팔라
창 하나 없는 가게였나

한 달분의 꽃씨를 빼먹은 날 가불假拂로 끊어온 돼지고기
그런 밤,
건조대 엉킨 다리들이 삼백예순 계단을 올랐다
벽에 걸린 옷은 붓기 앓는 그 기분을 알았을까

다섯 칸 더 올라가 출근 카드를 찍었다
스타킹은 올이 나가 있었다

내려온 기억조차 없는 그때와 지금은
잠의 높낮이가 같아

가슴에 아직 벼린 칼 하나 남아 있을까

비만의 구름을 쓱 베고 간 그믐달

높은 것을 보면 왜 졸릴까
겨울에 떠난 사람은 영영 더위를 몰라
낮은 잠은 더 낮은 곳으로 흐르지

납작 코 박은 오늘은 어제보다 더 들러붙어 있고

문득, 나비

한 짐 햇살을 들쳐 멘 나비
철둑 개찰구를 가뿐하게 빠져나온다

허공 몇 장 넘겨 행선지를 훑고
단락도 쉼표도 생략한 채 달아오른 철길을 읽는다

레일에 꽂힌 날개가 책갈피가 되는 느낌을 나는 이쯤에서 읽는다

저만치 소실점을 끌고 달려오는 오전

울림에서 울림으로 날개가 사뿐, 열차선 밖으로 물러선다

아스라이 계절을 신고
오월의 행간을 빠져나가는 경적

날아갈 일밖에 없는 나비는 얼마나 많은 시간을 건너왔을까
〈

받쳐주는 어깨너머로
족보라는 뿌리 너울거린다

날아가 버린 연鳶 하나
왼쪽 가슴에 꽂고 있는데
나비는 내 숨을 완독하지 못한다

다시 돌아올 수 있을까
차표 한 장 너머 여름을 들어서는 백모란

KTX 시간표가 우리를 속독한다

길에도 궁합

가장 먼저 닿을 운이 궁금해

맺히지 않은 계절을 서성거린 우리에게
그날은
아찔한 절벽을 지나야 만날 수 있다고 했다

멀어질수록 믿어야 해
우리가 있는 우리에게만 있을 날을

좁힌 미간이 믿음의 간격을 좁혀
합이 들지 않았다는 말이나 헛디딘 약속마저 길이라 믿고 싶었다

택일은 아직 유효할까
늘 꽃 피는 집 목련과 백일홍과 천일홍같이

더는 낭비하지 말자 마음을 그러쥐어도
길이 뒤를 밟아올 것 같아
골목만 보이던 골목이 흠칫 뒷걸음질 치던 골목이 돌아가지 않겠다 다짐해도 자꾸만 되돌아가던 골목이

〈
내내 피는 뒷길이 여자를 꽃 피우고
철학관 은하수 건너
희망을 징검다리 건너
견고한 유리천장은 깨질까

어디라도 합
어디에도 길꽃

장마

손바닥 슬픔과
노란 손수건의 슬픔은 다르다

예고 없는 비보에 얼굴을 감싼다
손이 젖고 어깨가 흔들린다

이것은 슬픔의 강도
입을 틀어막지 못한 슬픔엔 체면이 없어
무너진 억장이 가슴을 친다

눈가를 토닥거리는 손수건은
정갈한 슬픔
가장자리 제비꽃이 예의를 먹고 자란다

슬픔이 다급해지는 폭염은
사선으로 숨을 자른 가을을 빌려온다
먼저 온 애도가 나가자마자
다음 조문과 만난다

뿌린 흙 위에 꽃들은 던져지고

함께 순장되는 울음들
이름 하나가 온전히 묻히면 보이는 슬픔은 마지막

노랑 밖으로 오열이 빠져나간다

방식은 달라도
슬픔을 감당하는 손바닥과 손수건
폭우는 가슴에서 마른다

지난 기분을 일렬로 세우는 건 불가능해요

되묻는 봄날이 있나요

손을 꺼내지 않거나 아예 손을 넣지 않거나

다짐을 그러쥐어야 하는 봄도 있어요

달린다는 것 매달린다는 것 미묘한 듯 달라 관망하거나 붉어지는 표정들이 있죠

마음대로는 마음먹기에 따라 가능해요
주렁주렁 달리는 계절은 달리기 선수처럼 결승점을 믿으면 되는 일
매달리기는 악착을 쥐어야만 하는 일이죠

파열된 시간은 간절에 뿌리를 두고
안간힘은 얕은 뿌리에 매달려 피우는 허공입니다

소장한 시간이 달라 색깔마저 다른 것들
달린다는 건 사소한 기억 같은 것들
지난 기분을 세는 건 불가능해요

〈
매번 어긋나는 꽃술이거나 나비일까요
매달린 날씨는
뒤축을 벗어도 된다는 무책임은
언제까지 매달려 떨어질 수 없는 걸까요

툭 터뜨리고 싶은 정오가 가지에 매달려
아직 붉은데

모래월식

소식이 깜깜해
달에게로 향한다

오래된 성장기를 짚어줘도 기억의 반대편으로만 이우는
패인 우리들의 달

달에 기댄 날들이
닫힌 맨홀처럼 될까

그 달에서 다른 달이 뜨는데,

살지도 죽지도 않을 거라던 달 하나 사라진다

사막을 괴는 푸른 달 그늘에 누각을 지었다는
돈황 월아천

먼 곳을 동경하는 나무가 새를 날리던 그곳
모래에 묻힌 삼 층 누각에서 내려다본 월아천은
그믐달,
잘려 나간 손톱이다

〈
후미진 방을 전설이 비추고
훗날 모래무덤을 파면 작고 환한 달들이 있을까
참빗 닮은 그믐달이 흙먼지 빗어 내리는
부분월식

희미한 시력 깜빡이는 터번이 캄캄한 사막을 건넌다

근황을 밝혀도 길은 어둡고

90분을 죽이는 방법

빛은 무료해서 허공에 놓고
색을 바꾸는 건 어때요

합성사진을 보는 것 같네
훤한 이마는 얼굴로 봐야 하나 헤어스타일로 봐야 하나 손흥민 같은 해리 케인, 해리 케인 같은 손흥민

도움에서 골인까지 같은 공 짜릿함도 같아
그런다고 홍민이 해리가 되는 건 아니잖아요
같은 듯 다른 듯 한 구멍으로 마중과 배웅을 밀어 넣어도
하나가 되진 않아요

이건 취향이 아니라 다른 눈동자의 문제
노랑에 노랑 빨강에 빨강 고정된 하품이 밀려와요
눈을 부릅뜬 것 같은데

저 구름은 구름
마주 앉은 오늘은
노랑 아메리카노 빨강 카푸치노

〈
잔 받침만 바뀌었을 뿐
처음부터 블랙 당신 잔엔 화이트
달은 없고 손가락만 있어요

한 명 더 불러 3배수로 바꿀 수 있을까 재미있는 게임의 법칙

90분을 가지고 놀다가
나를 바꿔보고 싶은 색 없어?

고양이캔디

누가 설탕을 뿌려놓았을까

누운 그림자를 따라 정오마저 가지런하고

노란 포도알이 가물가물 닫힌다

수염에 찔린 비린 햇살이 나비 모양으로 흩어진다

네 다리를 늘어뜨린 나른한 호흡을 쪽쪽 빨아먹는 바닥

볕은 셀로판지처럼 바스락거리고

지붕에서 옥상으로 건너뛰던 아슬한 착지와

골목을 뒤지던 배고픔이 따스한 손에 다 녹는다

오물오물 고양이를 아껴 녹이는 노파

주름진 하품이 입속으로 뛰어든다
〈

방랑하는 울음을 불러 갈치 한 토막을 굽는 동안 발톱이 안으로 휘어졌다

무릎담요 덮은 기류가 말랑하고 끈적해

침침한 눈과 귀가 달콤해 뒷맛이 녹는다

쓰다듬을수록 사라지는 사탕

드므

주술이 통하는 곳은 얼굴
신은 가장 잘 속아 넘어가는 것들로 이목구비를 만들었다

어떤 사무친 마음 있는지
물거울 속 또렷한 얼굴이 중얼거린다
수피가 재빨리 표정을 지운다

어느 궁에서 본 드므 속엔 당황한 불이 있었다
슬며시 다가와 비추는 순간 말끄러미 올려다봤다는 화마
떠다니는 달에 황급히 얼굴을 벗어 걸어도
푸시시 불은 꺼졌다

얼마나 부끄러웠으면 자신을 꺼버려야만 했을까
놀란 걸음이 서둘러 빠져나가고
잠시 고요한 파문만 남았을 것이다

불을 다스리는 건 냉수밖에 없어,
뜨거운 속을 다스려도 여전한 여울목

남은 화기가 약수 한 통 받아들고 오솔길을 내려간다

냉장고를 열면
방금 다녀간 갈증이 흔들리다 잦아들고

유리컵으로 옮긴 거울 속엔
여전히 얼굴이 화끈거린다

사계 미용실

날씨를 왼편으로 틀었다

국지성 소나기가 쏟아졌다

실수로 뽑은 제라늄에 온도가 올라
팬지와 데이지를 심고

복고풍에서 커트로 바꾸면 단발이 유행했다

믿지 않을 거야
뿌리가 하얗게 올라올 때쯤 서둘러 염색을 했다
한 달의 유효기간이 솟구치자
웃음을 틀었다

물기 털며 일어선 바람이 귀 맞댄 소파를 가르마 낸다
권태를 들쭉날쭉 잘라내고 싶어

탈색된 소문은 색을 입히고
몇 차례 우려낸 스캔들이 창을 열고 나간다
〈

귀 닮은 이파리들, 공중에 안테나를 세울 거야
사색을 익히는 허공은 코발트블루
그날그날의 스타일은 구름부터 살펴야지

담쟁이는 왜 한 가지 스타일만 찾을까

해바라기가 고개 숙인 화장을 고친다

느닷없이 주민입니다

주민 여러분~!
많은 주민이 이곳에서 흡연, 담소 및 전화 통화를 하시는 관계로 창문을 통해 전달된 소음과 담배 연기에 시달리고 있습니다. 주거지임을 감안하여 조금씩만 배려해주시면 감사하겠습니다.

소리는 허공의 계단을 언제 단숨에 올라갔을까 연기처럼 가벼운 무례함이라니 연기는 저를 감쪽같이 지울 연기를 했지만 냄새까지 지울 수 없었을 거예요

여러분 뒤에 숨을 수 있어 다행입니다 여러분에 묶일 수 있어 안도합니다 일말의 가책을 피할 수 있어 여럿인 여러분에게 고맙습니다

아무도 모른다고 저지르는 일 하나쯤 있지 않나요 그러나 누군가는 내 정수리를 내려다보고 있었으며 뒤늦게야 뒤가 뜨거워지는 일 하나쯤

비밀인데 비밀을 발설하고픈 때가 있습니다
담소하기 좋은 *이곳* 통화하기 알맞은 *이곳* 흡연하기

적당한 이곳

   공인 없는 공인된 위안입니다 이곳, 여러분이라는 여러분의 위안이 있듯

   은밀한 안식을 제공하며 주민으로 받드는 당신
   처음인 그림자를 앞세워 나타나도 여러분으로 받아주는 당신

   익명은 익명 뒤에 숨어 아름답습니다 빨간 자선냄비의 익명 기부자를 천사라 부르지 않습니까 이방인이라고 자신을 홀대하지 마십시오

   벽보 옆 몇 걸음 옮겨 모여앉은 여전한
   주민 여러분~!

나는 너를 뒤통수로 읽는다

호되게 당한 것도 같고 더 이상 남은 뒤도 없을 것 같은데
눈시울 달라붙어 글썽거리는 내 뒤통수

뼈가 덜거덕거리고 모근이 뜨거운데
아무것도 모르는 듯 잘 아는
돌아선 뒷모습

다른 뒤로 완성해가는 뒤는
누구를 시원스레 쳐본 적 없어
호기 한번 휘두르지 못한 을의 길
뒤통수가 밟는 뒤통수는 을과 을의 관계
믿은 도끼에 발등 찍혔다는 말과 통한다

소리 큰 단어들과 소리 없는 단어들은
꿈쩍 않는 생각과 벌벌 기는 생각의 착각
갑과 을, 앞과 뒤, 거처하는 곳이 달라
뻔뻔하거나 겸연쩍다

차마 돌아볼 수 없어 방향 돌린 샛길은

길의 뒤쪽
수줍은 뒤통수가 천천히 방향을 꺾는다

가로등은 뒤통수가 어두워
그 누구는 누구의 뒤를 닮았나

캐리어

우측으로만 감정이 닳았다
색다른 언어를 환전해도 규칙은 고리타분했다

계단을 내려서면 방지턱
소리가 삐걱거리는 건 내일이 삐걱거리는 것
내 일이 삐걱거리는 것

금기 지난 안도는 눈빛부터 살폈다

쉽게 옮겨가지 못하는 길은 이가 뻑뻑해
마흔에서 꺼낸 손잡이

기울기 잊은 골목이 시차가 달라
구멍 난 어제를 느낄 수 없다

한 달 분이 무거워
쪼그려 앉아 뒤적이는 날씨

이국의 태양이 익는다
〈

엽서 속에 있으면서 엽서 밖에는 없는
이곳과 그때 사이
비 오고 장마 드는 지금과 거기 사이
먼지 같은 슬픔 같은,

금기라는 말을 기억해?

손톱 밑에 뜬 초승달

봄을 밑장으로 깔았다는 집, 손발 차가운 날씨가 개화를 늦춘 그 집

복통이 붉은 날짜를 움켜쥐었다

눈치 없는 콧수염이 소화제를 건넸고

수염이 다 같진 않아, 구레나룻은 약을 내민 적 없다

집 앞이 추위를 흘려보내도
뛰어 올라간 삼 층이 창을 닫아도
훌쩍거리는 비염을 가린 손바닥

손톱 밑에 초승달이 자랐다

물들인 첫사랑이 잘려 나가고
외투 걸친 저녁이 말없이 수저를 들었다

생일이 뒤늦게 촛불을 켰다
의자가 축하를 읽었다

〈
손잡은 샛길이 막 모습을 드러낸 그때는
초승 이울어진 길목

고해성사하듯 들려준 입춘이 멀어
초인종 혼자 울었다

신은 배꼽을 만들었으니

미동 없는 잎을
톡,

가장 먼저 외출한 바람이 주춤거린다

움켜쥐었다 펼친 느낌은 한 곳

다디단 탯줄을 잇고 막바지 여름을 따라가면
옥수수 줄기에 내려앉는 점들이 검다

그곳은 허공의 배꼽
멀리 가고 싶은 나는 누구의 부분인가
분신을 똑 떨어뜨린 날부터 시작된
울음이 아픈 배꼽이었나

벽이 꺼내놓은 그림자와 보낸 한 철
겹꽃잎으로 만난 몸을 빌려 바깥을 보았다는
기억은 모서리가 뭉툭해

이 방에서 저 방, 이야기는 혀에 잘 녹고

쑤욱 솟아난 자정은
피자마자 져버린 배꼽

신은 배꼽을 만들었으니
이 옴팡한 우주를 사랑할 수밖에 없네

■ 해 설

길이 건너야 하는 사람의 불모지

이성혁(문학평론가)

1

무릇 시인은 자신의 시세계에서 핵심적인 상징물을 가지기 마련이다. 최연수 시인의 시집에서 눈에 보이는 핵심적 상징물은 '길'이다. 최연수 시인에게 '길'은 어떻게 등장할까. 시집의 첫머리에 실린 「원시」에서 시인은 "길의 발목은 무엇을 놓쳤을까"라고 쓰고 있다. 보통 길은 삶의 방향이나 미래를 의미한다. 주체가 걸어가고자 하는 대상이기도 하다. 길은 주체의 행위가 이루어지는 장소인 것이다. 하지만 최연수 시인에게 길은 대상이 아니라 주체다. 서정적 주체가 무엇인가 놓친 것이 아니라 길이 무엇인가 놓친 것이다. "신호등이 수시로 마음을 바꿨다"라는 문장에서도 사물이 주체가 되어 나타난다. 길과 관련된 세계는 그 자신이 주체가 되어 서정적 주체에게 나타나고 그의 삶에 개입한다. 이 시집의 특징

중 하나는 사물들이 어우러져 펼쳐지는 풍경이 하나의 주체로서 등장한다는 것이다. 최연수 시인은 어엿한 주체로 현현하고 있는 풍경(세계)을 시 쓰기를 통해 옮긴다.(「원시」의 첫 문장인 "더 멀리 한철을 분갈이했다"의 '분갈이'란 바로 시 쓰기를 의미하는 것 아닐까?) 이에 그는 자신 앞에 현현하고 있는 풍경을 한 권의 책으로 여기고 읽고자 한다. 다시 말해 그에게 시란 그의 앞에 현현하고 있는 풍경-책-에 대해 독서한 바를 기록한 결과물이다. 아래의 시는 그렇게 기록된 풍경 중의 하나다.

    길이 달아나요
    풀밭이 구불거려요

    심장이 두근두근 똬리 튼 등나무 덩굴을 읽는데
    백반白礬 색이었어요
    그날 구급차는

    맹독은 보랏빛
    이빨 뾰족한 바람이 독을 퍼뜨려요
    공기가 몸부림쳐요
    긴 머리 쓰다듬는 손길 사이로 날짜가 뒤엉켜요
    푸르스름한 옆모습이 스멀거려요

〈
표정이 아니라 목으로 읽어야 한다는

넝쿨장미

어제를 밑줄 그은 상처가 붉은 십자를 그어요

두 손 모아야 할까 무릎 꿇어야 할까

흔들의자가 들썩거리는 독서

혹은 독사

황급히 실려 간 기억 모두 빠져나가고

읽히는 건

빈 무늬 허물

풀어진 태양

오싹 미끄러져요

책이 일그러져요

—「오독」 전문

 무슨 일이 벌어진 것일까? 시인 눈앞의 풍경이 돌연 변동하기 시작한다. "길이 달아나"고 "풀밭이 구불거"린다. 마치

뱀처럼. 그런데 이 뱀은 독을 내뿜는 '독사'다. 뱀처럼 움직이는 길의 풍경 속을 돌아다니는 바람은 뾰족한 혀로 사람들을 찌르며 "독을 퍼뜨"리고 있는 것이다. 그 독은 바람과 섞인 '보랏빛' 안개로 나타난다. 누군가 중독되었는지 약의 색깔처럼 '백반白礬색'인 '구급차'가 급히 길 위를 달린다. 독이 퍼진 세계의 존재자들은 공포와 고통으로 몸부림친다. '넝쿨장미'는 더 이상 견딜 수 없다는 듯 "어제를 밑줄 그은 상처"를 목에 남기고 죽음을 의미하는 "붉은 십자를" 긋고, 이에 화자는 기도하듯 "두 손을 모아야 할까 무릎을 꿇어야 할까" 갈등한다. 하지만 이 독기 어린 풍경을 화자가 독서하려고 하자, 응급차에 "황급히 실려 간 기억 모두 빠져나가"고 풍경에는 뱀의 허물만 남게 되는 것이다. 하여 "읽히는 건/빈 무늬 허물" 뿐이며 '풍경—책'은 "풀어진 태양" 아래 일그러져 펼쳐져 있을 뿐이다. 그러니까 위의 시는 의식을 갖고 풍경을 읽기 직전, 어떤 착란—깊은 상처와 연관된 고통의 기억이 뿜어낸—에 기인한 '오독'의 기록이라고 할 수 있다.

위의 시는 최연수 시인에게 시 쓰기란 서정적 주체의 내면—무의식적이고 억압된 기억을 포함한—과 연동되면서 착란을 통해 세계의 풍경을 읽어나가는 과정임을 알려준다. 이와는 달리 의식은 '세계—풍경'에 내장된 독성(독사)을 투시하지 못하고 그 허물만을 읽을 수 있을 뿐이다. 그런데 시인의 무의식적 기억을 불러일으키며 오독을 이끈 것은 주체로서의

'세계-풍경' 자체인 것이다.

2

위에서 보았듯이, 최연수 시인의 시에서 풍경은 그의 깊이 숨겨져 있던 마음과 연결되면서 현현한다. 이 풍경의 현현을 시인은 시 쓰기로 그려내고, 그렇게 그려진 풍경은 다시 시인의 숨겨진 마음을 암시적으로 가시화한다. 이때 풍경은 시인의 마음을 전달하기 위한 수동적인 도구나 매개체가 아니라 시인의 닫혀 있던 마음을 열고 드러내는 능동성을 갖고 있다. 그래서 앞에서도 말했듯이 그의 시가 담고 있는 풍경은 대상이 아니라 주체로서 나타난다. 「사생대회」의 첫 행, "가로수가 소실점을 당겨온다"는 표현에서 단적으로 볼 수 있듯이 말이다. 화가의 마음이 소실점을 선택한다기보다는 풍경 속의 가로수가 "소실점을 당겨"온다. 그럼으로써 풍경의 요소인 가로수는 '시인-화가'의 마음을 그려낼 공간을 연다. 가로수는 시인의 마음을 표현하기 위한 대상이 아니라 그의 마음을 드러내고 표현할 수 있도록 장을 마련하는 주체다. 그렇기에 시인은 풍경을 읽어내면서 자신도 명확히 인식하지 못하고 있었던 마음을 감지할 수 있게 되며, 그의 시는 풍경과 서정적 주체의 마음이 맺어내는 관계의 자장에 이끌려 쓰여진다. 하여, 그 장은 다음과 같이 삼각형의 모양으로 형성될 것이다.

컹컹 짖는 언덕 아래와 건너다보이는 불빛과 나는

조용한 삼각

늦은 밤을 견디는 꼭짓점들이다

소문은 잠들어

남은 불빛을 당겨

내가 다 써버렸다는 건 아무도 모른다

안경을 쓰는 것보다

깜깜한 나를 환히 볼 수 있다

미래를 보기 위해

접질린 길은 한걸음 물러서야 보이고

더 아파본 뒤에야 빠져나갈 구멍이 생긴다

― 「나만 아는 꼭짓점들」 부분

위의 시에서도 역시 '언덕 아래' 풍경은 시선의 대상이 아니라 주체성을 가진 존재로 등장한다. 그것은 컹컹 짖으며 서정적 주체에게 어떤 말을 걸고 있다. '나'는 저 "컹컹 짖는 언덕"과 마주한다. 그런데 지금 시간은 '늦은 밤'이어서, 저 언덕을 비추어줄 무엇인가가 있어야 '나'와 언덕의 관계는 드러날 터, "건너다보이는 불빛"이 바로 그것이다.(이 불빛은 별빛을 가리키기도 할 것 같다.) 저 불빛과 언덕, 그리고 '나'

가 '삼각'의 장을 형성한다. 모두가 잠든 밤에 '나'는 저 "남을 불빛을 당겨" 써서 시를 쓴다. "한 걸음 물러서"서 세계를 읽어내는 시간에 '나'는 저 불빛이 비쳐 가시화된 언덕 아래의 풍경을 통해 "깜깜한 나를 환히 볼 수 있"게 되며, "미래를 보기 위해/접질린 길" 역시 볼 수 있게 된다. 나와 미래를 보는 시간은 앓는 시간이다. 「오독」에서 보았듯이 시 쓰기란 고통스러운 기억을 되살리는 작업이기도 하기 때문이다. 하지만 "더 아파본 뒤에야 빠져나갈 구멍이 생긴다"는 시인의 말에 따르면, '접질린 길'을 되돌아보면서 스스로 앓는 '늦은 밤'을 통해서야 미래를 향한 길도 열리는 것이다. 이렇듯 시 쓰기 과정에서 가시화되는 별빛 아래의 풍경은 보이지 않던 마음을 '환히' 들추어내며 "빠져나갈 구멍"이 될 미래의 길까지 미리 보여주는 것이다.(최연수 시인에게 자신의 시 쓰기가 삶에 가지는 의미도 여기에 있는 것 아닐까.)

　물론 시 쓰기를 통해 가시화되는 풍경은 시인의 마음과 겹쳐지면서 현현할 것이다. 「바다카페」는 마음과 겹쳐져서 펼쳐지는 풍경을 보여준다. 묘사되는 카페 안은 시인의 감정들이 움직이는 공간이다. "삐걱거리는 불안이 나선형 계단을 올라"가고 "자주 만져" 해진 입구는 붉어진 "내 입안"과 병치된다. 시인의 '마음—몸'과 장소는 그 '바다카페'에서 일체화된다. 그곳은 "낯선 기억 한 쌍이 천천히 흘러"오는 곳이며, 한편으로는 "낯익은 이별이 몰래 빠져나가다 햇살에 묶여 있"

는 곳이기도 하다. 다시 말해 '바다카페'는 잃어버린 기억들이 다시 마음에 흘러들어올 수 있는 장소를 마련해주며, '낯익은 이별'에도 불구하고 마음 깊은 곳은 멀어진 그때를 붙잡고 있음을 알려준다. 그리고 그곳에는 "녹슨 시간의 수문"이 있다. 그곳을 열면 "묵은 통증을 쏟아 버"리고 "불면의 맨발이 미친 듯 달려 갔"던 기억이 되살아날 터이다.(이 기억은 바로 「오독」이 보여준 끔찍한 세계와 무관하지 않을 것이다.) 하여 '바다카페'의 안과 밖 공간은 시인의 마음 속 기억들의 지점들과 교차되는 풍경을 펼쳐내며, 나아가 시인의 마음과 일체화된다. 그럼으로써 공간은 시인의 아픔을 상기시킨다. 삶이 겪은 이별, 그 상처의 흔적이 각인되어 있는 장소가 되는 것이다.

「이유 너머」에서는 몸도 삶의 흔적이 각인된 장소(풍경)로 현현한다. 그에게 "몸은/기록이 내장된 블랙박스"인 것이다. 어떤 이의 삶에 무슨 일―특히 고통스러운 일―이 벌어졌는지 알기 위해서는 모든 사건을 기록한 '블랙박스'가 필요하다. 최연수 시인은 그 블랙박스가 '몸'이라고 말한다. 몸이라는 블랙박스를 살펴보는 일이란 수사관이 사건 현장을 탐색하는 일과 같다. 몸에 새겨진 '스키드마크'를 살펴보면 삶이 겪은 사건이 어떤 것인지 암시받을 수 있다. 사건 현장에서 사고당한 이의 "움켜쥔 왼손의 분노가 사건을 재구성"할 수 있게 해주듯이, 몸의 어떤 자세나 흔적, "얼룩진 곳의 뜻

밖의 파편"이 어떤 암시를 해독 가능하게 해준다. 그렇기에 몸은 삶의 비밀을 암시하는 기호들이 기록되어 있는 곳이다. 이와 관련하여, 「오, 모딜리아니」에서 시인은 모딜리아니의 회화가 보여주는 초상—몸—에서 각종 삶의 '징후'들이 펼쳐져 있는 풍경을 포착한다.(이 시는 유명한 모딜리아니의 〈큰 모자를 쓴 잔느 에뷔테른〉을 시화詩化한 것으로 보인다.) 시인에 따르면, "우울을 벗을 수 없는 챙 넓은 모자는 슬픈 가면"이며, 관람자가 이 '모자—가면'을 징후로 삼아 '그림—풍경' 속으로 들어가면 "민낯이 따라"온다고 한다. 시인은 그림으로부터 이 민낯을 읽어내면서 "사라진 눈동자들"을 포착한다. 그 작업은 사랑하는 모딜리아니의 죽음을 따라 아파트에서 '뛰어내린' 에뷔테른의 슬프고 고통스러운 삶을 읽어내는 일이기도 하다. 한편, 앙리 마티스의 그림 〈대화〉를 시화한 아래의 시도 흥미롭다.

> 당신은 푸른 별의 절벽
> 길이 끝난 곳이 인기척 쪽으로 방향을 틀듯
> 내게로 돌아와야 하는 가파른 미래다
>
> 짙어가는 밤 이쪽은
> 간절함을 두 주머니에 찔러 넣은 오후
> 완곡함은 수직을 이해할 수 없다

〈

올려다보는 이별과 착석하지 않은 사랑은 하나였다

관계는 묽어 감정을 휘발하는 발효
나는 파랑을 오해하고
당신인 파랑은 냉정해

나란 검정을 이해하지 못한다

팔걸이에 걸친 휴식과 냉철한 노동은
서로를 이어가지 못해
다정과 냉정이 한 곳이다

한곳에 거주하는 두 개의 선
함께한 기억의 위치가 가물거려
내면은 안과 밖을 경계 짓는 유리만큼이나 얇다
— 「대화」 전문

「오, 모딜리아니」를 읽을 때 해당 그림을 같이 보는 것이 이해하기 좋은 것처럼, 위의 시도 마티스의 〈대화〉를 보면서 읽을 때 온전히 이해하기 쉽다. 마티스의 〈대화〉와 함께 위의 시를 읽으면, 최연수 시인에게는 몸뿐만 아니라 회화에 담긴

장면 역시 하나의 '징후'를 담은 풍경으로서 다가오고 있다는 것을 알 수 있다. 이 '그림-풍경'도 시인의 내면과 접속되어 시인에게 읽히면서 시인의 닫혀 있던 내면을 끌어낸다. 위의 시에서 시인은 마티스의 〈대화〉의 장면을 충실하게 읽고 시화하면서, '나'와 '당신'의 관계에 대한 묻어두었던 마음을 꺼낸다. 한때 사랑으로 하나였던 나와 당신이었지만, 이제 "관계는 묽어 감정을 휘발하는 발효"로 "서로를 이어가지 못"한 채 "다정과 냉정이 한 곳"이었던 관계가 되었다는 서글픈 마음 말이다. 마티스의 〈대화〉는 시인의 내면을 비추어 주고, 또한 닫힌 마음이 드러나도록 이끄는 주체다. 나아가 자신의 내면이 그 그림의 중앙 위쪽에 위치한 발코니의 "안과 밖을 경계 짓는 유리만큼이나 얇다"는 것을 시인에게 일깨워준다. 그렇기에 〈대화〉에 그려진 방 바깥의 "인기척 쪽으로 방향을" 튼 길은, 시인의 내면과 연결되어 있는 '밖'을 가리킨다고도 할 수 있다. 그 '밖-길'은, "푸른 별의 절벽"인 당신이 "내게로 돌아와야 하는 가파른 미래"다. 시인은 마티스의 그림을 읽어내는 과정(시 쓰기)을 통해 자신이 가야 할 길을 찾을 수 있었던 것이다. 그 길은 사랑을 되찾는 미래로 향해 있다.

3

시 「대화」는, '풍경-그림'을 읽으면서 이루어지는 최연수 시인의 시 쓰기가 사랑이 회복되는 미래를 찾는 작업임을 알려준다. 그렇다면 사랑의 회복을 위한 비전은 어떠한 시적 사유를 경유하면서 이루어질 것인가? 우리는 궁금해진다. 이때 주목되는 사물이 이 시집의 또 다른 중요한 상징물인 달이다. 이 시집에서 달은 전통적인 서정시에서처럼 잃어버린 사랑에 대한 그리움과 연결된다. 그리움을 주제로 삼고 있는 아래의 시 「모래월식」은, '달'이라는 전통적 상징과 돈황 사막 속에 기적처럼 존재하는 월아천 풍경을 통해 서정적 주체의 그리움을 쓸쓸하면서도 아름답게, 그리고 깊이 있게 그려내고 있다.

소식이 깜깜해
달에게로 향한다

오래된 성장기를 짚어줘도 기억의 반대편으로만 이우는
패인 우리들의 달

달에 기댄 날들이
닫힌 맨홀처럼 될까

〈

그 달에서 다른 달이 뜨는데,

살지도 죽지도 않을 거라던 달 하나 사라진다

사막을 괴는 푸른 달 그늘에 누각을 지었다는
돈황 월아천

먼 곳을 동경하는 나무가 새를 날리던 그곳
모래에 묻힌 삼 층 누각에서 내려다본 월아천은
그믐달,
잘려 나간 손톱이다

후미진 방을 전설이 비추고
훗날 모래무덤을 파면 작고 환한 달들이 있을까
참빗 닮은 그믐달이 흙먼지 빗어 내리는
부분월식

희미한 시력 깜빡이는 터번이 캄캄한 사막을 건넌다

근황을 밝혀도 길은 어둡고
  　　　　　　　　　　　　　　　－「모래월식」 전문

알다시피 달과 길은 백제 가요인 「정읍사」에 일찌감치 시적 상징물로 등장한 바 있다. 「정읍사」는 남편이 "즌 데"(진흙길을 의미한다고 해석되지만 매음가를 의미한다는 해석도 있다)를 디딜까 걱정하는 부인이 달에게 높이 돋아 멀리까지 비추어 남편의 모습을 보여 달라고 부탁하는 노래다. 이 노래에서 길과 달은 대립적인 상징물로 등장한다. 달은 사랑과 그리움을 응축한 상징물, 길은 사랑의 대상을 잃게 만들 수도 있는 위험을 품고 있는 상징물이다. 물론 「정읍사」에서의 길을 고달픈 삶의 행로라고도 해석할 수도 있다. 최연수 시인을 포함한 많은 시인들이 생각했듯이 말이다. 하지만 사랑이 회복될 미래의 길을 찾는다는 면에서, 최연수 시인의 길은 「정읍사」의 부인이 갖고 있는 길의 이미지와는 다른 면이 있다.

위의 시에서 '달'은 「정읍사」에서처럼 서정적 주체의 사랑과 그리움이 투시된 상징물이다. 그런데 「정읍사」에서와는 달리, 사랑의 대상은 이미 "소식이 깜깜"한 상태다.(그래서 시의 분위기는 고적하고 쓸쓸하다.) "소식이 깜깜"한 당신을 그리워할 때 시인은 "달에게로 향"하는데, 달은 점점 "기억의 반대편으로만 이"울며 움푹 파여 가기만 할 뿐이다. 그래서 "달에 기댄 날들"도 결국 맨홀 뚜껑처럼 어둠으로 닫혀버리는 것은 아닐까 걱정한다. 하지만 놀랍게도 달이 사라지면서 그 달로부터 다른 달이 뜨는 것이다. 그 달이 바로 '돈황 월아천'이다. 사막 한가운데 기적적으로 생겨난 '그믐달' 모양의 호수, 월아천. 월아천은 시인의 사무치는 그리움이 모여 사막 위에 새로이 탄생한 달이다. 그것은 당신을 잃어 사막과 같이 된 삶에서 기적 같이 탄생한 사랑이다. 그 '월아천-달'은, 마치 '부분월식'처럼 사막의 모래에 몸통 대부분이 감추어져 있지만, 그 '모래무덤' 밑에는 "작고 환한 달들이 있"으리라는 기대를 품게 만든다. 하지만 그 달은 시인이 건너고 있는 "감감한 사막"의 삶을 아직 환히 비추고 있진 못하다. 달에게 "근황을 밝혀도 길은" 여전히 어두운 것을 보면 말이다.

  길이 동적인 이미지를 동반한다면 달은 정적인 이미지를 동반한다. 길은 걸어가기 위해 놓여 있다. 달은 비추기 위해 떠 있다. 시에 등장하는 달은 주로 사랑의 마음을 비춘다. 시인들은 달의 상징을 통해 사랑에 정차하고 있는 서정적 주체의 마음을 표현한다. 「모래월식」은 하늘의 달이 이우는 상황에서, 지상의 삶이 사막으로 변하고 있는 상황에서 사랑이 돋아나는 마음을 지상의 달인 '월아천'을 통해 보여주었다. 그런데 시집에서 달은 먹을거리로 등장하기도 한다. 「백 개의 방에서 맛보는 백 가지 맛」에서 시인은 '찐빵'이나 "반으로 쪼갠 햇고구마"에 "노란 보름이 들어 있"다고 말한다. 음식은 삶을 유지시키고 키운다는 면에서 사랑이라고도 말할 수 있기 때문이겠다. 시에 따르면, 달은 사람들이 먹는 둥근 음식에도 들어 있으며, "백 명이 바라보면 백 개의 달이 되"듯이 그 음식들은 '백 개의 맛'을 담고 있다고 한다. 달이 사랑의 마음이라고 한다면 우리는 백 가지 사랑을 맛볼 수 있는 것이다. 한편 「계절의 노선」에서 달은 점점 불러가는 임산부의 배 또는 아기집으로 비유된다. 나아가 산모의 뱃속에서 자라나다가 태어나는 아기로 비유되기도 한다. "채 눈 뜨지 못한 달을 베이비 박스에 담고"라는 구절을 보면 말이다. 여하튼 시집에서 다양하게 비유되어 등장하는 달은 자라나는 생명체와 관련된다.(음식은 생명을 자라게 한다) 그런데 생명의 생장에는 사랑이 필요한 것이다.

 이렇듯 달은 여러 가지 이미지로 변주되면서도 모두 '사랑—삶'을 품고 있다는 공통의 의미를 가진다. 그래서 달은 '우리 집'의 이미지와 공명한다. '우리 집' 안의 가족도 사랑으로 이어진 이들이기 때문이다. 「새 귀 줄게 헌 귀 줄래」에 따르면 '우리 집'은 "지구의 작은 점, 교감이라 불리는 그곳"이다. "따스한 지붕"이 있는 '우리 집'에서는 "말을 가두어도 서로를 알아듣는" 교감이 이루어진다. 이곳에서는 "눈빛을 주고받으며/네 왼쪽 귀는 내 오른손이 잡"을 수 있고 "폐기된 기분을 연주"할 때의 소리를 "나란히 냄새로" 들을 수 있는 것이다. 그런데 이러한 교감이 같은 뿌리를 가졌기 때문에 이루어지는 것은 아니다.

이국으로 깃든 희고 붉은 것들

　　한 뿌리라고 믿을 수 없다

　　국적 다른 생각이 기억을 열고 나와

　　안쪽 모서리가 깎인다

　　저를 휘발한 뒤에야 다시 우리가 필까

　　움켜쥔 한 줌을 놓으며 피를 닮아가는 빛깔

　　나를 내어놓고 너를 듣는 한 모금에

　　금기 풀린 온기가 넘어온다

　　우리, 라고 불러줄 곳은

　　뿌리 아닌 붉은 꽃잎이다

　　　　　　　　　　　　　　－「히비스커스」 부분

　시인은 '히비스커스'로부터 '우리'의 형성은 "뿌리 아닌 붉은 꽃잎"을 통해 이루어진다는 것을 깨닫는다. "한 뿌리라고 믿을 수 없"는 "희고 붉은 것들"이 어우러져 히비스커스를 형성한다는 것을 말이다. 흰 것과 붉은 것은 "국적 다른 생각"을 가지고 있다. 이 다른 생각들이 "기억을 열고 나와" 마주칠 때 "안쪽 모서리가 깎"이며 그 두 생각은 어우러지기 시작한다. 그것은 "저를 휘발한 뒤에야 다시 우리"를 형성하면서 피를 나누고는 "피를 닮아가는 빛깔"을 가진 꽃잎이 피는 것이다. 즉, 한 뿌리에서 난 두 존재자가 아니라 "국적 다른" 두 존재자가 어우러지면서 '우리'라는 꽃잎이 피는 것, 그것은 "저를 휘발"하면서 "나를 내어놓고 너를" 들 때 가능하다. 그래야 "금기 풀린 온기가 넘어"올 수 있기 때문이다. 그래서 「청띠제비나비」에서 시인은, "뿌리가 흔들"리면 "다시 주저앉는 거라고" 생각해온 자신의 '뿌리 경배'를 반성한다. 이 경배 때문에 "거짓말처럼 돌아올 그를 믿"었다는 것, '그'는 시인과 같은 뿌리를 가지고 있었다고 여겼기 때문이다. 하지만 시인은 이제 '당신'이 "뒷모습만 벗어두고 가버렸"다는 것을 인정한다. 그리고 그 자신도 "아주 멀리" "날아갈 거"라고 다짐한다.

그렇다면 이제 시인은 사랑을 포기한 것인가? 그렇지 않다. 「히비스커스」에서 보았던 것처럼, 사랑의 교감은 같은 뿌리를 가진 자끼리 이루어지는 것이 아니라 "나를 내어놓고" 자유롭게 '휘발'되어 날아갈 때 이루어질 수 있기 때문이다.

맺히지 않은 계절을 서성거린 우리에게
그날은
아찔한 절벽을 지나야 만날 수 있다고 했다
〈

멀어질수록 믿어야 해

우리가 있는 우리에게만 있을 날을

― 「길에도 궁합」 부분

"아찔한 절벽을 지나"는 것, 그것은 사랑하는 둘 사이를 가르는 절벽인 이별의 불가피성을 받아들인다는 의미다. 이 이별의 수용 이후에야 다른 사랑이 가능하다는 진실을 받아들여야 한다. "맺히지 않은 계절"에서 계속 서성거리지 말고, 자신을 내려놓으면서 관계의 휘발을 받아들여야 한다. "아찔한 절벽을" 두려워하지 말고 지나가야 한다. 그때 어떤 만남의 길이 다시 열릴 것이다. 이에 따라 시인은, 멀어지게 되더라도, '멀어질수록' "우리가 있는 우리에게만 있을 날"의 도래를 '믿어야' 한다고 말한다. 이러한 믿음을 가질 때, 마지막 행처럼 "어디에도 길꽃"이 열릴 것이다. 이러한 새로운 사랑에 대한 믿음을 갖기 위해서는, 우리의 뿌리 없음을 받아들이고 경계를 넘나드는 '청띠제비나비'처럼 날아갈 수 있어야 한다.

시집 마지막에 실린 시 「신은 배꼽을 만들었으니」에서의 "멀리 가고 싶은 나"란 바로 그러한 나비가 되고 싶은 '나'의 욕망을 표현한다. 그런데 그 욕망은 "분신을 똑 떨어뜨"리면서 시작되는 것이다. 즉 탯줄을 끊을 때부터 그 욕망은 시작되는 것, 그래서 그 욕망은 탄생할 때 터뜨린 상실의 울음을 품고 있다. 그 상실의 흔적이 "피자마자 져버린" "아픈 배꼽"이다. 배꼽은 분신과의 이별의 고통이 각인된 운명적인 상처다. 이 상처를 품은 우리는 우주가 신으로부터 태어날 때 생긴 "허공의 배꼽"을 향해 날아가고 싶어 한다. 그 배꼽은 '나'와 우주가 분리되면서 생긴 우주의 배꼽이기도 할 터, 우리가 저 배꼽을 향해 날아가고자 하는 것은 우주와 다시 이어지고 싶기 때문이다. 우리가 뿌리로부터 자유로워져서 '청띠제비나비'처럼 날아갈 수 있을 때, '히비스커스'처럼 새로이 '우리'를 형성할 수 있으며 "우리가 있는 우리에게만 있을 날"로 향하는 미래의 '길꽃'―사랑―을 피울 수 있다. 그 사랑이란 우리가 분신과 분리되어야만 한다는 고통스러운 운명을 받아들이고, 그 고통을 발판으로 세계와의 새로운 결합을 향해, 저 "허공의 배꼽"을 향해 날아가는 것이다. 그 비상은 우주를 사랑하는 일, 이 시집의 마지막 문장을 다시 옮겨오면서 이 글을 마친다.

신은 배꼽을 만들었으니
이 옴팍한 우주를 사랑할 수밖에 없네